las mentiras DE JUANITO

DAIAN BOOKS

En el corazon de un bosque vibrante, donde los arboles susurraban secretos a cualquiera que quisiera escucharlos, vivia un joven zorro llamado Juanito.

Juanito era conocido por su abrigo rojo brillante y sus historias aun mas brillantes.

Cada dia era una aventura con Juanito, mientras corria por el bosque, jugaba al escondite con sus amigos e inventaba historias emocionantes.

Una tarde soleada, mientras jugaba cerca de la orilla del rio con su mejor amiga, una alegre coneja llamada Ruby, Juanito accidentalmente piso el bote de juguete favorito de Ruby, rompiendolo ligeramente.

Preocupado por la
reaccion de Ruby,
Juanito rapidamente
penso en una historia.

"¡No fui yo!" Juanito exclamo cuando Ruby se acerco.

"¡Vi un oso grande y torpe pasar por aqui y subirse a tu barco!"

Ruby parecia desconcertada pero creyo la historia de Juanito.

Sin embargo, la pequena mentira de Juanito no se sintio tan heroica como sus historias habituales.

Una punzada de culpa
le apreto el corazon,
pero la hizo a un lado,
esperando que el
problema desapareciera.

A medida que pasaban los dias, la pequena mentira de Juanito comenzo a crecer.

La historia del oso se extendio entre los animales del bosque y Juanito siguio anadiendo detalles para hacerla mas creible.

Cada vez que contaba la historia, sentia mas peso en su corazon el peso de sus palabras.

Ruby, mientras tanto, cada vez desconfiaba mas de los senderos del bosque, siempre en busca del oso torpe imaginario.

Juanito noto que Ruby no se reia tanto y parecia mas ansiosa durante sus juegos.

Al ver la angustia de su amiga, Juanito se sintio aun peor.

Una dia soleado, mientras recogia bayas con sus amigos, Juanito escucho a Ruby expresar su temor de alejarse demasiado en caso de que el oso regresara.

El corazon de Juanito se hundio al darse cuenta de como su mentira habia afectado a su amiga.

Sintiendo el peso de su deshonestidad, Juanito decidio que era hora de arreglar las cosas.

Esa noche reunio a todos sus amigos alrededor del viejo roble, el corazon de su pequena comunidad.

Con todo el coraje que pudo reunir, Juanito dio un paso adelante.

"Tengo algo importante que decirles a todos", comenzo Juanito con voz temblorosa.

"No existe ningun oso torpe. Yo fui quien rompio el barco de juguete de Ruby".

"Invente la historia porque tenia miedo de perder a mi amiga".

Un silencio se apodero del grupo. Juanito miro a Ruby con los ojos muy abiertos por la sorpresa.

"Lo siento mucho, Ruby", continuo. "Me equivoque al mentir. Era simplemente mas facil que decir la verdad".

Ruby se tomo un momento y luego salto mas cerca de Juanito.

"Gracias por decirnos la verdad, Juanito. Te perdono, pero tenia mucho miedo de ese oso", dijo con una pequena sonrisa.

"No dejemos que las mentiras nos asusten mas."

Juanito sintio una oleada
de alivio invadirlo
cuando sus amigos
asintieron con la cabeza.

A partir de ese dia, Juanito aprendio el valor de la honestidad.

Se dio cuenta de que a veces podia ser dificil decir la verdad, pero siempre era mejor que una mentira que pudiera herir a sus seres queridos.

El bosque volvio a su ritmo alegre, con todos los animales jugando y riendo juntos, recuperando su confianza en Juanito.

Y Juanito, con el corazon un poco mas ligero, se aseguro de que sus aventuras fueran verdaderamente honestas.

El fin.

HONESTY IS THE BEST POLICY